CABEZA Y CORAZÓN ES UNA OSTRA

Cabeza y corazón es una ostra
© Emiliana Pereira Zalazar
(@epzalazar)

© de la presente edición Libero Editorial, 2025
Primera edición: enero, 2025

ISBN: 978-84-126672-8-8

Imagen de cubierta: Nuria Pazos Cuadrado

Síguenos en:

instagram.com/Liberoeditorial
twitter.com/LiberoEditorial
facebook.com/LiberoEditorial
liberoeditorial.com

Impreso en Madrid - España

CABEZA Y CORAZÓN ES UNA OSTRA

Emiliana pereira zalazar

He de romper la jaula de
oro con el puñal de mi
dolor.

J. Lagos Lisboa

Mayor es **mi lealtad**
al corazón que a la cabeza

Cuánta luz hay le pregunta el corazón al ojo
y la cabeza responde de manera intempestiva
que poca
casi nada
y el corazón duda

Pregunta nuevamente al ojo cuánta luz
el ojo cierra el párpado y dice nada

y para arriba y abajo piensa el corazón que nada
oscuro todo adentro y todo afuera

El corazón descansa en la costilla y la costilla no aguanta el peso, se quiebra
grita la boca que siente el costado
y corazón se disculpa

todos le gritan huevón

Me encojo un poco, camino, me arrastro, meto el dedo
en el cemento y hundo
bajo las escaleras del metro con la cara por delante
la guata en las baldosas y más duele
el sonido del tren se acerca, oído esnifa ruido y la
garganta empalma con el chirrido de los frenos

El corazón no para de disculparse
y los pies ansiosos

cosas del cuerpo molestia, las tripas alimentan con
punzada el hambre, el arrastre del suelo sigue
dándole duro al pellejo jalea tirada en medio
del andén que será luego jalea en medio de la casa

–casa ven y deja descansar el fiambre –grita la boca
haciendo caso a la cabeza quien ordena haciendo caso
a la costilla
y corazón insiste
–perdón

Qué piensa de mí la boca
se preguntan hígado, intestinos y riñón
pero la boca nada piensa, solo dice
y no para de fruncir los labios, mover la lengua,
apretar los dientes

En esta desesperación la guata me palpita, no entiendo
qué viene y no entiendo qué va
corazón, cabeza y yo no somos uno
cada cual se dispara a la pared contraria la guata no
deja de bombear sangre

pero resulta que la guata no sabe cómo se bombea la
sangre y todo brutal

Por un lado, la cabeza pierde el punto de equilibrio y
cae rodando, recién decapitada
por otro, el corazón se ha vuelto una ínfima pasa
y yo que he dejado cabeza y corazón para sostenerme
la guata y pedir que por favor se detenga, que por
favor deje de bombear

Siento que agonizo y me pregunto
le pregunto

¿acaso nos estamos muriendo?
y la guata despiadada dice lo que dice siempre cuando
llegamos a este punto
nos estamos volviendo locos –dice la guata–
te estás volviendo loca –dice la guata– y yo recuerdo

cuando estuve encerrada en mi cabeza, en un balcón
que daba a la calle, fumando un cigarro tras otro
jugando a tocar
los barrotes y la guata repite
te estás volviendo
loco y recuerdo que
yo

caminaba con la cabeza decapitada, tenía amigos,
una casa, tenía un gato y también un perro, un par de
plantas, tenía miedo y no, tenía cariño y no, lo tenía
todo y nadie decía nada por mi cabeza decapitada,
nadie decía nada por las voces que pululaban, nadie
decía nada por la cara

sí
la cara
la cara de loca

Y me agarro la guata y le digo que ya, que calma
paso a paso, uno a la vez, y la guata baja fuerza y ritmo
hasta que de lejos escucho una voz que algo dice con
ira

Y no entiendo, pero es mi culpa, pienso y si es mi culpa
hice daño, pienso

y si hice daño me abandonan, pienso
y si me abandonan, pienso, no pasa nada, pienso

O tal vez pasa que yo tomaré el inicio de la costura de
este costal de papas y comenzaré a tirarlo hasta hacer
un hoyo y que de ese hoyo caerán una a una todas las
papas al suelo de la cocina y rodarán por las escaleras
saldrán al patio, saldrán de la casa y se irán lejos, hasta
que el saco quede vacío
vacío como quedaría
alguien que es abandonada por la persona que ama y
me digo que no pasa nada
pero la guata comienza a palpitar con más fuerza y el
tono de la voz que a lo lejos me increpa sube, se alza,
me come, quedo envuelta en eso y no veo

y pienso que quisiera estar muerto o vacía
como el saco de papas
con partes de mi cabeza saliendo de la casa a la calle
rodando hasta donde choquen con un tope
y que se pudran todos los trozos

Pero ocurre que en algún lugar una gota de agua cae
sobre un pozo y suena agudo, como suena una gota
que cae sobre un pozo; un escarabajo que lleva un rato
de espaldas sin poder voltearse se voltea y anda;

una abeja zafa de un charco, seca sus alas y vuela; un antílope en medio de una persecución hace un giro y su persecutor cae torpe al piso y el animal se salva; una mujer duda cruzar de noche una calle y vive.

De un momento a otro la cabeza deja de estar decapitada, se alza valiente y dice que tengamos calma, que hay amor, el corazón entonces despierta y poco a poco se incorpora al pecho, válvulas, ventrículos y aurículas conectan con venas y arterias

El cuerpo entonces siente cabeza y corazón tomando un rumbo y así la guata entiende que todo lo que ha hecho ha sido para mantener al cuerpo vivo, ha bombeado fallidamente la sangre, pero eso nos ha mantenido con vida

Y cabeza, corazón y yo le agradecemos por su esfuerzo ahora puedes descansar –le digo– ahora estás a salvo

y la cabeza se pone dura, el corazón se pone blando y el cuerpo tibio para poder abrazarse y recorrer su contorno, saber dónde termina y saber dónde comienza, se acaricia la cara y se soba las rodillas, estamos completos

La guata ya calma dice
que siempre hará el trabajo de bombear fallidamente
la sangre para mantener con vida el cuerpo y esperar
que cabeza y corazón sepan

El lenguaje no existe en la medida en que nuestros
ojos tienen una comunicación sideral e intraterrestre,
monstruos terrosos que conversan con satélites
–no entiendo –dije sosteniendo la pupila
–no hay nada que entender cuando se sabe –dice ella,
su pupila derecha enterrada en la mía, similar a un
beso

aunque es mucho más negro que un beso

–sí, yo sé –pensaba
–sí, tú sabes –respondía

trato una y otra vez de nombrarnos, de darnos una
cuota de lenguaje pero el lenguaje es gris
y esto inmenso

Me pasaba el día meditando para soportar las horas
de calor, siempre me fue sencillo escuchar el entorno,
sostener las manos elevadas, mantener la espalda recta
y sentir el oxígeno entrar y salir
pero cuando nuestros encuentros se volvían más
cercanos aparecía su ojo enterrado en mí

No saber si es verdad o locura
es verdad, lo sabes, y das por superada la locura porque

es solo una palabra
pero la palabra locura ni siquiera se toca
con el estremecimiento que es la locura
su ojo enterrado en mí

en medio de mí
adentro
tuve miedo de seguir viva después de haber visto
y visto empequeñece el acontecimiento
que no sucede
pero que sabes
sí, tú sabes
vuelve su voz a mi boca
y no sé realmente si se dijo o quién lo dijo
al mismo tiempo la pregunta y la
respuesta

Este brazo me lo rasco un poco
porque un gusano ya no harto de hincar en mí su boca
me ha tenido la noche en vela

Para la naturaleza no hay espacio
porque esto es más grande que la naturaleza
más grande que la fruta más grande
y no hay música de fondo

Alguien diría que hay una música de fondo

porque todo lo que está pasando
ocurre sin que suceda pero sabes

de verdad sabes
que una vasija de greda está siendo llenada a la orilla
de un río y sientes el sonido de las piedras
el olor del agua
y puedes distinguir cada partícula
una por una las sabes entrando a tu cuerpo y
rápidamente todo te dice
de dónde viene cada cosa
el hidrógeno, el oxígeno se vuelven una pero tú eres
incapaz de ver una
ves todas las cosas
y ni siquiera puedes nombrarlas

Es que cuando algo genuinamente impacta, aunque
se diga con exactitud, nada puede decirse
y no siempre hay lenguaje

El lenguaje es lo más inaudito que existe
¿no?

Tomo esta mano, la mano izquierda, la tomo y la
sostengo con la derecha como si acaso fuera inanimada,
la dejo caer de golpe sobre mi pierna

y logro convencer al cuerpo de la mano muerta
y logra el cuerpo convencerme a mí de la mano
muerta y la mano muere

y luego probablemente moriría el brazo, pero no,
muere la boca, muere una rodilla y quizá un órgano
y todo cosquillea con un peso brutal
y crees que te estás muriendo
y lo que pasa es que te estás muriendo
porque tú le has dicho al cuerpo
y el cuerpo te ha respondido

Tomo esta mano la mano izquierda la tomo y la
sostengo con la derecha
y sin ningún obstáculo más allá de un par de espacios
la zamarreo y le digo
pronta que estás despierta
y lo que pasa es que la mano se sostiene en el aire
 inmortal
porque yo le he dicho a la mano que es inmortal y el
cuerpo me ha dicho
que la mano es inmortal
y la mano es inmortal

Entonces ella plantó en mí ese silencio que es más
grande que la locura

Ella untó en mí una cosa y la dejó para siempre
y yo le digo a esa cosa cosa, ni viva ni muerta,
ni somnolienta ni en vigilia, cosa te quedas aquí hasta
saber qué hacer contigo
cosa
y la cosa
hace caso y no le dice nada a nadie
espera a que yo borre de donde pueda ser borrado ese
ojo que el estómago no se desplome con cada atisbo
con cada recuerdo cosa
pronta

Y en esto que tienes aquí, que llamas corazón vas a
decir
órgano
que te has roto
y el corazón va a decirte
tú, persona que me has roto y vas a preguntarte
qué he hecho yo
cuán fuerte he amado
para que este órgano sea capaz de romperse

y como el órgano sabe cuándo se está hablando de sí
mismo dirá
yo no amé yo creí
creí en esos ojos que
creí en esa boca que
creí en ese estado febril que
y porque le creí a cada parte de tu cuerpo decidí dar lo
que el entramado me pedía

y aunque resistiéndome con furia
yo creí y amé
tan fuerte como la cosa más fuerte
y sentí miedo cada vez que quise morir por lo enorme

Ahora me dices que me he roto
y yo quisiera decirte con un largo aullido en medio de
tú me has rompido

rompido
Tú vas a quedar impactado
porque el corazón te ha dicho una verdad gigantesca y
vas a pensar que sí, que es cierto
y vas a querer hablar con el corazón de otra persona
pedir que dialogue con el tuyo
a ver si pueden quererse dos cosas ya rotas
y primero vas a hablar con el corazón pequeño de un
insecto, no entenderás el zumbido o el craqueo, vas
a redondearlo con las manos, tratar de sentir su olor,
pero tu corazón y el de él no se entienden
entonces vas a mirar un poco más arriba una fruta
alojada en el cielo
y sentirás una punzada en la espina, porque el corazón
de la fruta ha enmudecido y se cree inmortal
y sabrá tu corazón lo mortal que son las cosas y la
espalda no resistirá el tirón que hace empinar la cabeza
seguirás un par de pasos, mirarás al cielo y verás un
grupo de aves y sus corazones impactarán con el tuyo
que quedará compungido por lo intenso y pasajero de
ese empalme
tu corazón querrá marcharse con esa bandada tratará
de salir por cualquier parte
subirá al cuello y ya casi cerca de la boca
tragarás saliva
para mirar el movimiento de un rayo

y tu corazón querrá adentrarse, cobijarse en sí hacer
un par de bombeos y encontrar la calma desviarás la
mirada
y en ese gesto
verás de frente el corazón de ella
queriendo conversar
con tu boca
tu respiración
con tus gestos, tu manera de caminar y tus rutinas
pero no con tu corazón
y tu corazón pensará que también podría conversar
con sus ojos, con algunas de sus muecas, con su risa
quizá hasta que creerá tu corazón que dialoga con el
suyo sin saber

jamás podrán tocarse
jamás podrán

La piel
señala el límite   Cuando el ojo es cubierto por el
párpado el órgano se pregunta cuál

El pecho
lo golpeas furioso como un gorila furioso
haces de la mano un puño, nudillos y durezas, en línea
recta a un trozo grueso, brotado en pelos, pellejos
golpeas mientras dices con rabia au, corto y repetidas
veces au, au, au
y la caja torácica resuena, vacía por dentro como tú
entero

El hombre del otro lado que te mira se pregunta qué
tiene miedo
se esconde
pero tú solamente golpeas el pecho
te gusta cómo rebotan las ondas dentro
la vibración
el movimiento de los órganos
–au, au, au–
y pensarán que estás furioso
porque simulas estar furioso
para poder sentir adentro
lo que hay

Estoy piel a piel conmigo, trato de tantear las partes e imagino la historia de una chica que toca su cuerpo, acaricia sus piernas, juega dedo a dedo con un pezón. Estoy piel a piel conmigo hasta que de pronto, en medio de la noche, la chica que toca su cuerpo adquiere un nombre, un olor, un
rostro
Imagen sucia
ha sido contaminada
por una y cada una de esas caras
de esas historias
y odio
porque ya no es la imagen en sí, sino la idea de alguien en un día concreto con un beso concreto, con un tacto concreto y dejas de ver el gesto como gesto
la respiración como respiración
y es la respiración tuya con la respiración de alguien

Pienso en volver a tocarme y no puedo porque hay una bomba de gente en mi cabeza y no quiero masturbarme pensando en alguien, quiero masturbarme pensando en algo. Tiro atrás el cubrecama, las frazadas, la sábana y espero que llegue el frío, levanto la polera del piyama hasta el cuello para ver si logro sentir cualquier cosa, muevo los dedos
de los pies

y algo cala
en ese tirón imagino que de un árbol se ha zafado una
rama que cae de lo alto sobre otra rama
y se me eriza la piel porque lindo
los colores, el sonido
el destello
esa comunicación que llega de la nada
y es el árbol que avisa que de él se ha zafado una rama,
la acusa nos cuenta
y brotan en mi cabeza millones de hojas color ocre
amarillo, crujiente, todo quebrajoso y justo
llega a la imagen un brazo
al que pronto le daré un cuello, un torso, un gesto
y vendrá de reglón el nombre, el día, la hora, el dolor
y veré nuevamente cómo se aleja de mí, veré nueva-
mente la imposibilidad de apoyar mi cara en la mano
que parte en ese brazo
y esa sensación vendrá
repetidas veces con repetidos nombres
y en cada nombre me detendré para dejar en claro que
uno fue distinto al otro
peor que el otro
y desearé de nuevo no anhelar ese deseo
lo alojaré en ese pequeño espacio como el de las
capillas, donde hay hostia, vela y vino.

Saldré y martillaré tablones en las puertas de la capilla, en las ventanas de la capilla, cerraré el jardín, cruzaré la plaza, la ciudad y los cerros y cuando el tiempo haya pasado, cuando tenga una pequeña casa, cuando tenga hecho fuego y matado a unas cuantas vacas, cuando haya tallado una cuchara y confeccionado una flecha, cuando esté sentada al lado de un arroyo escuchando el trinar de un mirlo, me diré que puedo observar las cosas sin vaciarme en ellas.

Después de tanto hacer podré sentarme a escuchar el viento, a escuchar las hojas, hasta que de un árbol se zafe una rama y que caiga de lo alto sobre otra rama

Se secará el río, se destruirán cuchara y flecha, revivirá la vaca, se apagará el fuego, caerá la casa y volverá ciudad, plaza y jardín. Los clavos saltarán de los tablones, la capilla se desatará de toda amarra y, en el pequeño espacio con vino, vela y hostia, estará el brazo al que pronto le daré un cuello, un torso, un gesto, le daré un nombre
y después vendrán todos los nombres

Se habla del poema como si el poema no fuese cualquier cosa que reposa y queda, no se mueve, queda,
o se mueve
queda

y yo
pienso que
poema o no poema el rumbo de la ciudad sigue el
decir del cuerpo, balanceado de lado a lado por las
manos, alojado en manubrios, manillas, barandales, la
piel erizada por el sonido agudo del viento que simula
una bala que llega a un cráneo y hace herida, esparce
sangre, erige grito

Con o sin poema
la persona muere
y la ciudad mira y se mueve y se mueve y no queda la
bala, el cráneo y la herida dan lo mismo
porque el tránsito del cuerpo no da espacio para dejar
la mano quieta sin avance por el barandal, detenerse
a sentir el sudor de otras manos, huellas, textura, lo
helado lo tibio del fierro y el chofer moverá el manubrio
de forma brusca
las manos apretarán las manillas para afirmar el peso
del cuerpo que cae con el movimiento
y alguien morirá bajo una rueda y seguirá el rumbo
del cuerpo
Reunión de gente, policía, cono,
ambulancia, hospital
funeraria
y el poema poco importa

Bajo el cielo de la noche la mujer llora la muerte de su esposa

Sin embargo, el poema escribe la noche escribe
la muerte escribe el cielo el dolor la hora escribe
la rueda y la bala escribe
y los cuerpos siguen el vaivén de los brazos, el ritmo
cardiaco, la oscuridad de la sangre

Y le miraba la lengua
rosa intenso
salpicando gotas en el cuenco inferior de la
boca se acumulaba un pozón de saliva
y la lengua chapoteaba
en cada jota
y yo decía después
que se callara, que no entendía cómo hablaba
por qué si tenía cola y un puñado de plumas

No entendía por qué ella conocía esas palabras por
qué pronunciaba tan bien esa jota, suculenta y yo le
decía que se callara un poco
para introducir en ese pozo una semilla y ella dijo que
sí, que lo hiciera
y lo hice
tierra fresca, fresquísima, ocho semillas y capa de hojas
permeadas de saliva y
ella no dijo nada
Yo le decía que todo estaba bien
y ella me decía espera
pero yo no podía esperar, algo en mí apuraba
y ella me decía espera
y esperé
y no pasaba

Esperé ocho, doce minutos y no germinaba y ella decía
espera, pronto va a aparecer una planta rarísima. Mira,
están creciendo hojas verdes, flores amarillas, pero yo
ya no estaba miraba otra cosa
que vivía hace rato
y en vez de verde y amarillo era morado, casi azul se
gangrenaba gran parte de su cuerpo y veía eso no lo
otro que crecía de la boca
que crecía verde y amarillo como el cielo
y ella dejó de decir lo que decía porque era tan grande
la planta que ya no podía hablar
se ramificaron las raíces dentro de las venas buscando
algún órgano importante buscaron el riñón
en uno de los pulmones
pasaron por el corazón y ya no palpitaba

Una raíz se fue en línea recta a la entrada del cerebro
qué miedo lo que ocurría allí
tan negro
y tan blanco
Una de las raíces no lo vio ni negro ni blanco lo vio
rosa intenso como la lengua
se adentró por el lóbulo frontal y brotó

Y mi cuerpo cabe
tan bien en el tiempo
que se queda
el corazón detiene el pálpito
los pulmones no pueden
en las grietas de la boca la saliva
se acumula
y somos perfectamente allí

¿Y si del corazón dudamos? dice algo adentro

¿si empinaras las fosas nasales y te guiaras por lo que la nariz sugiere?

¿si cerraras los ojos, juntaras con fuerza los labios, si no hicieras caso a ningún sonido y fueras guiada por el olfato?

Alzo la cara, inhalo y todo ingresa. Me asusto detengo ¿qué?

hincada, algo adentro y me hinco más, y más lo hago, casi bajo tierra ahora sigue

y aparecen ahí las fragantes cosas, **la nariz brilla por sí misma** y se encanta de que todo sea ella, su momento el corazón pronto comienza a tintinearse, embellecer y trato de no escuchar, no hablar, no mirar

pero toca repetidas veces

tum tum, tum tum, tum tum

la nariz lucha, los olores aumentan, son gigantes insoportable

la cabeza se atonta y el estómago se aprieta

todo huele, huele y huele

y lo que está adentro dice que tal vez hora de dudar olfato

y yo trato entonces de abrir uno y otro ojo, de gritar un poco

y escuchar cosa

pero no sirve, ya le he dado espacio

¿Qué vas a hacer después de que me pudra?
me dice con la placa dental suelta
voy a hacer lo que hace la gente, reducir tus huesos
para los que siguen
¿y si me pudro? creo que me estoy pudriendo, mira
estas escaras mira la sábana cubierta de sangre seca
dime
¿y si me pudro en vida?
y yo sentada a los pies de la cama
voy a hacer lo que la gente hace, cuidar como se cuidan
las cosas que agonizan y que prefieren pudrirse en vez
de estar muertas

El sol prende el color del pecho de esa loica
lo prende como si el corazón de esa loica fuese el
pecho de la loica el pecho de la loica es el cuerpo de la
loica y la loica
se prende entera
bajo el sol
que la hace
incendio

Ha colonizado el corazón **la cabeza**
unas cuantas señales envía
en las que le explica al corazón que sí, que no, cómo y
por qué
El corazón enmudece y escucha

para entender lo que la cabeza obliga
y se repite que no, cómo y por qué
Lo repite una y otra vez sin embargo el corazón no calma,
finge
y le dice a la cabeza que bueno

la cabeza ojos al frente sigue a pie firme el camino trazado
colono avanza
avanza avanza
sin mirar abajo
ni a los costados

Qué más quisiera yo
que esta lengua tomarla
y con el filo de mis
dientes cortar

Entonces lo que hago   entonces
es sacar la lengua lo más afuera posible
lo más lejos de mí que se pueda
mientras el aire seca las papilas

Con los dedos tironeo un poco más
la lengua se me pega entre las
yemas y entiendo que
no podré lamer mi boca
después de comer una ciruela
no podré pasar por otra lengua la mía
no podré sentir con ella mis dientes
ni voltearla para recorrer el cuenco de la boca

Entonces lo que hago   entonces
con los dedos sujetando fuerte
en un mordisco se unen mis mandíbulas
y junto a un chorro de sangre
los dedos sostienen
separada de mí

mi lengua

El aullido deja de tener forma
sale de una cueva sin carne que conduzca
la sangre ahoga

en los dedos reposa la lengua pegada a las yemas

Al corazón le dicen fuego y digo fuego y el pecho
comienza a incendiarse mientras pienso que el espacio
en el que alojo
el amor se desintegra
y el corazón dice
no
no se desintegra
se expande

El órgano emprende la ruta para seguir disperso en
forma de ceniza
y de algún modo logra
llegar a su nariz que inhala
y los diminutos trozos de mi corazón pueblan su
cuerpo recorren las glándulas, los ganglios, los jugos
gástricos recorren corazón, cerebro, riñones y mi
corazón explota en ti y yo tan lejos
mi corazón tan lejos de mí

Y pido encarecidamente
en uno, dos, tres sueños
que quien sea que lo tenga me lo traiga,
que me devuelva
el corazón y grito fuego
en medio de la noche aúllo grazno rebuzno mujo
maúllo bramo

que quien sea que lo tenga lo devuelva
y el corazón incapaz de dejar eso
que encontró allí
que no eras nadie
que no eres nada
y de pronto tantas cosas
aúllo grazno rebuzno mujo maúllo bramo grito fuego

Y el corazón a lo lejos me da una señal débil para decir
calma
que la llama sigue
que ella también es fuego
y que también aúlla grazna rebuzna muge maúlla brama
grita fuego
El corazón serpentea una bandera y pide
encarecidamente que vuelva al sueño y sueñe fuego

y mi nariz inhala
y sueño fuego

El dedo apunta como pistola y dice yo
aquí yo
y dispara
una dos tres muecas hace la cara
una dos tres veces **el pie rebota**

El músculo no deja que se desboque el hueso
el músculo ahí, duro, correoso, helado

ese hueso mío
nadie me lo quita

pero el hueso quiere salir del cuerpo
Empeña la punta, toma fuerzas y recto huye
articulación, músculo y piel se rompen y de lo moreno
aflora
blanca y dura la clavícula
abandona al hombro

y por primera vez mira la piel y la ve oscura
mira la luz y la ve clara
la brisa y está tibia

dolor
disfunción
pérdida

El índice se apoya entre la nariz y los labios el índice
se instala y nace **el vómer**

Aquí tienes esto, **el corazón brotado fuera de la boca**
aquí tienes esto
y puedes mirarlo
tocarlo
morderlo incluso

En esa bandeja de lata
el filo sostiene la
sangre
y tú delicadamente rechazas esa gorda cosa
rebosante de sangre y dices no
que no quieres un corazón brotado
fuera de una boca

quieres un corazón calmo
dentro del pecho

pero ya está afuera, palpitando extasiado, cómo quieres
que lo guarde

e insistes en que lo meta para ver qué pasa
para ver si es distinto a las otras veces
en que otras personas
han recibido el corazón brotado
lo han mirado, lo han tocado, lo han mordido

y el corazón brotado me mira
me pregunta qué pienso y le digo no sé, que se me ha
volado la cabeza
y que si él quiere
que se meta
o que si él quiere
que se quede

Y el corazón brotado deja de palpitar un rato
yo recuerdo que eso nos lleva a la muerte
le doy unas palmadas
reacciona, le grito, reacciona
y el huevón reacciona y dice que mejor meterse a ver
qué pasa
y pasa que el corazón abandona el frío
y se cobija

y ella se acerca y mira, abraza y muerde
las cosas que deben ser miradas, abrazadas y mordidas
dentro el corazón piensa
que mucho mejor que así pasen las cosas
y esa esquina que es el cuerpo entero estará calma

Palabra letra golpe
tilde vocal y golpe

pulso pulsopulso
y golpe

el latido del corazón determina
vida sí vida no

palabra letra tilde vocal determina
vida no vida no

su boca mueve rápido la herida y lanza
rabia/ira
rabia/ira
rabia/ira

el corazón late con más fuerza para decir
vida sí vida sí

y palabra letra llega golpe
como aleta lanza piedra

vida no vida no

y mata
todo lo mata

el corazón entiende amor dolor y muerte
sobreponerse
vida sí vida sí

y vida sí entonces dice
el amor así
dolor y muerte vida no vida sí

En la esquina yacen dolor y miedo
latido estridente sale pecho, el corazón latigazo da
sensación tibia
frío, frío, frío
qué torpe se ha vuelto
hablarte
sudor, punto fijo en la pared, ladrido, ratones

late
golpellanto

de la esquina donde dolor y miedo yacen
minúscula una voz fufa
–eres donde apoyo mi corazón

Crece del suelo una ola enorme
el hipotálamo brama
la vena porta vocea
–eres donde el corazón, el mío, eres donde lo apoyo
Ventisca, estruendo, ira
aun así eres donde

El corazón deja de latir y muere, parte por parte
parece obvio pensar que todo muere
y que queda alguna cosa pequeña, el último aliento
vagando por el aire
cuántos alientos vagan cuánto aire respiramos de los
últimos muertos
cuán lleno de estertores están nuestros cuerpos
llenos, llenísimos
me gusta pensar que tu último hálito esté en mí, se
quedó aferrado a las paredes de mis pulmones, mis
poros y recorrió músculo, hueso, vena, arteria, órgano
tras órgano,
cerebro
Me gusta pensar que estás
en esta cabeza

A veces me veo hablando como si tu boca estuviera
diciendo lo que dice
me veo reparando un vestido
como si tus manos zurcieran la tela
mirando las clepias
como si tus ojos estuviesen plantando una clepia
y madre
con los ojos que mirabas a tu hija y pienso
qué bueno que tu último hálito es todos

Corazón sentado, harto de bombear sangre, se mira
rodeado de arterias, músculos y huesos, se ve repleto
y piensa
que él quisiera
encontrar un agujero por el cual salir
y llegar a la redondez de una loma que sea atravesada
por un riachuelo donde pueda detenerse para pensar
en lo mucho que quiere convertirse en una piedra
rodeada de otras a la orilla de un río y nunca
más latir
descender con el curso del agua, chocar con cada pez
y cada alga abrazar el musgo que sea capaz de habitar
en sí

pero no latir
más que para salir del agua y rodar loma abajo,
revolcarse en polvo y cubierto por barro, dirigirse
donde hombres y mujeres habitan, labran la tierra,
toman vino y muerden
hierba donde la piel reseca
cabeza cansada
estómago duro
pasa el día entre espinas y madejas
entre cocinas y campos
caballos y vacas
y encuentre un agujero por el cual entrar rodando y
llegar a algún cerebro
para conversar

De lejos una señal destellante llega
un tejido corporal se acomoda y dice que sí que vaya
otras partes del cuerpo incrédulas

y densa la cabeza como densa es la cabeza pregunta
tanto por qué, si sí, si no, ahora, después, cómo,
cómo hacer, cómo hacer para avanzar y poder
también quedarse, quizá no, mejor que no, pero
qué se pierde, qué se pierde si nada tengo y si todo
lo que tengo es lo que podría tener, mejor partir, y
si me muero, ojalá morirse –dice también una par-
te– y si no muriese y quedase en medio –en medio de
qué se pregunta– en medio de esto que es una pared
donde se alzan ladrillos, maderas, cemento, agujero
y bicho –en medio de qué se pregunta (se pregunta
también después) seamos sinceras, a qué se refiere
(porque también sabe que algo ha de significar pared,
ladrillo, madera, cemento agujero y bicho), se referirá
a qué– en medio de esto que es o no amar o no sentir
desear un beso disparado a la pared un zapato cuando
rabia y que me toque, tócame el codo o el hombro y la
boca pide al cuerpo allá que destellante llega y llega el
destello y mi cuerpo entero se prepara pero solo hay
destello y no llega. Y su boca dice boca
y mi boca dice beso
y su cuerpo dice cuerpo y mi cuerpo dice hambre y sus
manos dicen manos y las mías dicen puño y su cabeza

dice cosas: gato, naranja, pocma, amor, hogar, refugio y mi cabeza dice cosas: amor amor amor amor amor amor. El destello se separa lejos con atisbos de grandeza pecho entero se prepara y forja rosa, espada, huevos duros y armadura, lustra bien las botas, toma una pequeña colcha, hierve papas y un puñado de pescados, ensilla el caballo que colérico resopla y patea, el cuerpo tira de las rienda y dice soooo y el caballo lanza pata y muestra que clavo en la herradura le molesta y manos cual herrero hierran. Herrado, ensillado, cargado y montado, los cuerpos enteros marchan siguiendo el rastro del destello que allí –cerca o lejos– marca

No puede otra cosa la mano
que escribir este libro

la cabeza no puede pensar
ni la boca probar
ni el oído oye porque nada
en el mundo permite
que el cuerpo entero y el alma puedan
hacer algo más que escribir este libro
letra por letra sonido por sonido silencio
y el cuerpo es el poema
nada puede más que escribir
lo todo

Lo único que sabe hacer el cerebro
es pensar
función paradójica del órgano
que todo lo sabe
y no puede

Este corazón es negro
la noche que levanta para recorrer un bosque de
espinos, emoción zigzagueante propia de la emoción
que en zigzag recorre el cuerpo cómo voy a contenerte
yo –pienso– cómo en este cuerpo puedo yo hacer
caber todas esas cosas
y bota, no para

Espinar, un día semilla al otro bosque, levantado radiante
como si
acaso no fuese a ser talado por completo, con sed de
napas

En medio del cuerpo traga y crece, puebla de semillas
el cuerpo y el cuerpo saturado de sí no sabe cómo
encauzar la foresta

Este corazón negro, duro de callos, laborioso bajo el
sol que ofrece el ojo sube mangas y manos a la obra
tala
tala
tala
tala
día y noche laborioso corta, poda, prende fuego y pide
ayuda. La cabeza ocre ordena tú y tú y tú y tú y fértil el
cuerpo esteriliza las partes, ninguna semilla más que
aflore

Tripas e intestinos de todo se deshacen y nada se siente, batalla ha logrado

La puse adentro, no pude no
la silueta del vaso sanguíneo tomada con los dedos
pinzas agarré con la mugre que había y no importaba
nada lo oscuro, **lo inmundo**

El musgo, la tierra
las hojas, los humores
y los pelos
puse adentro las cosas duras
para el corazón blando
la cabeza blanda
estómago blando
y metí todo
inflada con lo que podía caber dentro metí y metí
a presión

A veces corazón es una ostra
corrijo, **corazón y cabeza es una ostra**
y digo porque son entre los dos
la misma cosa
bruta tozuda
dura cerrada
como ostra

y la ostra dice también que es a veces bruta tozuda
como lo es corazón y cabeza

La ostra en Chiloé tiene los bordes negros
como a veces
cabeza y corazón
en el mar de Cortés y en la bahía de Ago
hay granjas gigantes de ostras
y dependiendo del color de la concha
resulta el color de la perla
en México el cultivo cuatro años, en Japón dos

Se debaten corazón y cabeza
qué tipo de ostra serían
en una declaración inesperada
la cabeza ansiosa insiste que Japón sí o sí la identifica
corazón, en cambio, se agita y exclama una pequeña
broma
insiste

Y entre las bromas sube nebulosa la verdad
que a veces cabeza y corazón son una ostra
y yo golpeo para ver si hay
corazón o cabeza por ahí
y solo adentro suena
el golpe seco de una perla

Loca quiere decir «**esto**» en otro idioma
No diré cuál para que busque a ver si encuentra mientras
yo miro por la ventana otra cosa y no encuentro más
que unas piedras golpeando los vidrios y afuera yo
tiro puñados de tierra contra el río y la brisa suena
diciendo
que yo sé

y en eso una rodilla se disloca
un brazo se fractura
el cuello flácido incapaz de sujetar cabeza

vale la pena estar aquí, contando las horas encerrada
en un conteiner con el cuerpo que no
puede
solo siento que palpita
suda frío y calor a cada
rato

vaporoso afuera vuela «esto» me llama a cada rato y
me saca y toda destruida pierdo el tiempo tratando de
mover
la perilla de una puerta
para meter dentro
«esto» pedazo de cabeza vuelve
la sensación es levadiza, como un puente que en medio
se fragmenta y una idea transita como barco

la idea se va y la cabeza fracturada vuelve a
sí fingiéndose completa, recta, incluso llana

una pastilla hace eso, unas cuantas. Puñados de pastillas
son lo otro
y los besos dados feroces o tibios no se siente diferencia
erecciones que se bajan, pecho duro, baja la regla de
formas inesperadas y quisiera tomar
montón de coágulos pensar
cómo se vería mi cara repleta de ellos

tibios, blandos, el hogar no tiene filos
lo pienso mientras caen y suenan glup
a veces clup, blap, blup

cada coágulo es una cosa distinta y las horas en el baño
pareciera que solo estoy un par de minutos eternos
que son hora o no y yo aterrizo en una idea estrellada
en la pared
Salió así de mí tan disparada, rápida como algo
imposible
y no paro de ver en esa pared tanta mancha tanta cosa
estrellada y miro al techo y «esto»
ahí

una mujer encuentra el error
en una grieta

el veneno se aloja como un clavo oxidado en medio del
cráneo y hachazo
puñado de pastillas mientras tiran piedras, me apuran
golpecitos en la espalda, me dicen bien, me dicen dale,
arriba el ánimo para la pierna, sonríe mueve la boca di
que sí, levanta
el cuello

y en eso no
no hay mucha solución solo fingir

y como fantasma vuela sobre mi «esto» que me dice
que aquí

podrían estar algunas respuestas
y yo convencida de respuestas le doy
a unos cuantos puñados más de pastillas una copa de
vino qué mal hace
y vamos, de noche oscura en cualquier barrio una
mujer sola avanza comida por la ciudad y por las
calles, las veredas Curioso que todos estos nombres
sean femeninos
cuando en verdad
la ciudad en plena noche es un hombre que orina,
se masturba
y te persigue

un hombre o cien
de noche o de día, digo
y los pasos van rápidos, míos y de él, entramos en la
sincronía de la caza y yo le ladro, en medio de la calle
relucientes los fierros y cierro los ojos pensando en
mis coágulos y «esto» me da las instrucciones precisas
y mato, ya no son coágulos, son destellos de sangre que
me cubren la cara, los lentes

tirado en el suelo le doy varias veces y con lo poco de
vida que le queda mueve las patas
balancea la cola, ruge

un puñado de pastillas y corro hasta que vuelvo a la
pared del baño lavándome la cara y curiosamente caen
colores azules y amarillos
amarillo intenso encandilante como el sol en plena
fiesta veo correr por el desagüe mi
futuro y viene un beso
qué raro un beso
sacudo mis orejas respiro, golpes intermitentes en la
ventana quién va, qué quiere, el zumbido de la gente
que te ama, qué incómodo que exista

la gente y el amor

Y recuerdo algunas veces en las que estuvimos acostadas hablando de los brillos infinitos en tus ojos, pupilas negras

las pastillas tiradas por ahí sin necesidad alguna de tenerlas porque tengo
otras cosas como «esto», como la cabeza y la imaginación, una maratón de sílabas consuma nuestro abecedario que es corto, balbuceamos mientras me haces ver cosas inauditas tiradas en la cama con la cabeza colgando y la sangre a punto de dejarnos desmayadas

y el recuerdo que tengo luego es tú ahorcándome y tu mamá
quitándote de mí, por qué, sacándote de mí, por qué

En eso una noche habla, dice una cosa dice otra, la palabra se extiende y toda edificación todo elemento se desmorona y se vuelven palabras, conceptos miro y sé que no vale la pena esta nostalgia, tanto desvarío para luego llegar a dar botes a una pelota de tenis contra la pared

pedazos de muro caen con cada golpe e imagino la piel leprosa desprendiéndose costra
a costra

El agua y tu boca me arrastran, voy donde llame una u otra y ya sembrada en medio de la tierra me hago el muerto, a ver si me ves o si me encuentras y cae

de pronto una lluvia intensa, aguacero pedazo de cielo y estoy viva, de un minuto a otro lúcida en cuclillas en medio de la tina y una mano arrugada de mujer me lava el pelo
espuma jabón

Un hombre golpea tímido la puerta para saber si estoy bien, la voz es tibia al igual que el baño que sujeta un vapor reconfortante. Tengo la nariz repleta de mocos y la mano arrugada de mujer presiona las fosas y me dice vamos, bota. Me resisto un poco y luego río, boto todo lo que hay dentro y estoy plena. La luz amarilla me persigue como el túnel a los muertos.

¿Te conté que jesús me llamaba del otro lado? Le dije que no, que no quería, me daba risa y miedo. Dedos arrugados, la toalla grande, la cama con guatero tendida, olor a albahaca y romero, té con limón y miel en el velador, el perro espera fuera y mueve la cola, el gato se enrolla a los pies
de todos modos, en el reflejo de la ventana «esto»

Digo no por decir no y luego dolor. Afuera tiembla mientras cae nieve adentro fuego. **Digo no por decir no y después furia.**
Quien espera un abrazo se queda
mirando fuera o mirando dentro, quien espera se queda esperando a que
venga la cosa a la cosa y sean
antes de partir en dos la casa
de trasvasijar las ruinas tarro a tarro
y aquí estuve/estuvo rodeada de pelusas y luces encendidas, ventilador dándole aquí estuvo/estuviste tú. Digo no por decir no y quizá encuentre brazos costillas riñón. Un bisturí corta la piel entera y traza la historia que tuve/tuvo
la boca dice no y luego espera
la cabeza escucha no y responde no. Y así pasé/pasamos horas, infancia, juventud y adultez completando cuadernos repitiendo
«no»

Qué tiempo hay y qué tiempo tenemos mientras adentro una fogata se prende, que salgan todos, afuera y frío. Uno a uno los órganos se hinchan y dolor nadie sale y nada sale porque no

Partidura en medio, cabeza gacha, resoplido y tartamudo. Digo no y nadie escucha, retumba no y nadie escucha

escribo no y luego el qué
qué por qué
y qué por qué y cómo
patadas al suelo rabia

una colilla tras otra se reparten y crujen las paredes
y calor. Digo no mientras alguien tira la sábana al
piso y digo quién, miro al lado y no está, nadie está,
pilas de cosas, cosas cualquiera, podría decir libros
pero también escobas, triángulos, huevos, pellejos. A
tientas busco al lado y el vacío que dejan todas esas
cosas son devastadoras
por mientras serrucho en mano parto voy cortando el
parqué, las baldosas, la única alfombra que tenemos/
tuvimos/tuve. Parto en dos los gatos, una cola para ti,
otra cola para mí y así

digo no y quedo ahí
ferozmente triste
hablo pregunto busco y la respuesta ahí dice sí, dijo
sí y yo no, sin entender cómo es que la pelea no fue
campal, que no nos agarramos a combos, que no
prendimos la ciudad entera para decir no, que no al no
y aquí, la casa se derrite lenta con cenizas sobre el cielo
o simplemente día nublado

Dije no y dijo no y a eso sí y bueno
sumar dos más dos y ya, dividir en dos y ya, y la
vida sigue y sigue ella pensando quizá diciendo sí o
diciendo no. Yo aferrada simplemente al listado de
cosas que tengo por
hacer me tiro desnuda a la cama repleta de pelos tuyos/
míos/gatos y lloro lloro lloro y ya
Lo doméstico banalidad que sostiene la cordura,
la única motivación para sacar el pie de la cama
el pie en el piso y el cuerpo dentro
gato en la espalda y ventilador rumiante
Digo no por decir no y luego tú

Sentada en el borde de la cama pienso cómo tu boca
recorría a veces mi hombro
y fácil sabía tu cuerpo lo que quería el mío y entre
agarrarnos dientes y colmillos, pies y codos tu olfato
simulaba conocer de memoria mi olor y perseguía los
pliegues, amor blando y rabia dura

pero en el fondo
y también sentado en el borde
un corazón pequeño aullaba

y entre beso y beso, dolor y dolor
**no porque la boca conozca a la boca sabe cómo
late mi corazón**

nadie sabe cómo late

no porque tu nariz conozca el rastro que deja mi
cuello sabe cómo

porque mi corazón atraviesa las llamas un nido de
fuego lo parte lo eriza y bombea

bombea bombea bombea y no
no son los demás espectadores
ni del amor ni del dolor que expele

mi corazón es un órgano voraz que todo traga y no,
los demás podrán verme quieta en el borde de la cama
cuando en el fondo

estoy en el filo de la noche pensando en la manera de
contener en mi pecho el fuego

nadie sabe

mi corazón una gacela que va y deja todo lejos sin saber
contenerse en los espacios y bombea bombea rabia

nadie
infinitamente nadie sabe cómo
late
agónico vital y mudo
golpea costillas, músculos, pared del pecho
explota por el cuello, por el ombligo y la garganta traga
y el estómago se hunde

no sabe

mi corazón atraviesa las llamas
imposible de ceniza

ÍNDICE

Mi lealtad   9
Cuánta luz   10
El corazón descansa en la costilla y
la costilla no aguanta el peso   11
Se preguntan hígado, intestinos y riñón   12
Corazón, cabeza y yo no somos uno   13
El lenguaje no existe   19
Órgano que te has roto   23
La piel   26
El pecho   27
Y odio   28
Y le miraba la lengua   33
El corazón detiene el pálpito   35
La nariz brilla por sí misma   36
¿Qué vas a hacer después de que me pudra?   37
El sol prende   38
Ha colonizado la cabeza   39
Que esta lengua tomarla   40
Al corazón le dicen fuego   42
El pie rebota   44
El músculo no deja que se desboque el hueso   45
El vómer   46
El corazón brotado fuera de la boca   47
Vida no vida no   49

Eres donde apoyo mi corazón   51
Me gusta pensar que   52
Corazón sentado   53
De lejos una señal destellante llega   54
No puede otra cosa la mano   56
Lo único que sabe hacer el cerebro   57
Este corazón es negro   58
Lo inmundo   60
Corazón y cabeza es una ostra   61
Digo no por decir no y después furia   69
No porque la boca conozca a la boca
sabe cómo late mi corazón   72

Este libro se terminó de editar en octubre de 2024,
aunque la revisión final tuvo lugar en enero de 2025.

Cabeza y corazón es una ostra es el primer libro de
una autora chilena que se publica en Libero, y el
primer libro de 2025, año en el que celebramos el
quinto aniversario de la editorial.

Como escribe Emiliana:

y yo golpeo para ver si hay
corazón o cabeza por ahí
y solo adentro suena
el golpe seco de una perla.

Encontramos en estos cinco años de edición, en cada
libro del catálogo, no solo cabeza y corazón, sino el
brillo de una perla.